Union Républicaine Lorraine

PROCÈS-VERBAL

Assemblée générale départementale du 28 Novembre 1921
à la SALLE SAINT-BERNARD, à METZ

9

Conformément aux articles 5 et 22 des statuts du Parti, le Comité départemental de l'U. R. L. s'est réuni en assemblée générale le 28 novembre 1921, à 10 heures du matin, dans la salle Saint-Bernard, à Metz.

A la table du bureau prennent part : MM. Jung, président, entouré de MM. Schuman, député, de Bertier, Bour, Rollin, Weber, conseillers généraux, Hoen, Losson (trésorier), tous membres du bureau. M. Houpert remplit les fonctions de secrétaire.

M. Jung ouvre la séance.

Au nom du Bureau central de l'U. R. L., dit-il, j'ai l'honneur de vous saluer et de vous souhaiter une cordiale bienvenue. Je vous remercie de vous être rendus à notre invitation. Votre présence témoigne que vous avez compris l'importance des questions que nous avons à traiter aujourd'hui.

Se sont fait excuser :

M. Bompard, sénateur. « La réunion de l'U. R. L., écrit-il, coïncide avec le mariage de ma fille. » Il donne pouvoir au général Hirschauer de le représenter.

M. Serot, député, a envoyé une dépêche disant qu'il est retenu à Paris par une forte grippe. Il prie M. Jung d'exprimer à l'assemblée ses regrets et ses excuses.

M. Schmitt, conseiller général à Escherange, regrette de ne pouvoir assister à la réunion de l'U. R. L. Il est obligé d'assister à une vente d'immeubles et a chargé M. Adelving, auquel il a remis sa délégation, de le remplacer.

M. Négler, conseiller général à Morhange, est empêché de venir par suite d'un accident de chasse.

M. Couturier, conseiller général à Forbach, regrette beaucoup de ne pouvoir se rendre à Metz. Il prie M. Kremer ou un autre ami par lui désigné, de le représenter.

Enfin M. Jung dit qu'il vient d'apprendre que M. le chanoine Collin, sénateur, revenu de Paris, a dû s'aliter et regrette beaucoup de ne pouvoir prendre part à la réunion.

M. Weber demande la parole pour une question d'ordre matériel. Comme on déjeunera en commun, il prie ces messieurs qui désirent participer au repas, de se faire connaître afin qu'on puisse indiquer approximativement le nombre des convives au restaurant.

M. Jung, continuant, s'exprime ainsi :

— Il y a juste un an que le Comité départemental de l'U. R. L. était réuni dans cette salle, à l'effet de réorganiser le Bureau central, qui avait cessé de fonctionner par suite du départ du secrétaire. Le Bureau provisoire élu avait été chargé de faire revivre le Parti. En première ligne, il s'agissait de la réorganisation intérieure. Il fallait liquider le passé, trouver un local convenable, engager un secrétaire permanent, reconstituer le mobilier, rétablir ce qui restait des archives, et les compléter en recueillant les données dans tout le département et classer tous ces éléments.

Ce travail de réorganisation intérieure a été achevé dans le courant de l'été. Vous pouvez vous en convaincre en vous rendant 8, rue Dupont-des-Loges. C'est là que le Bureau est installé.

Le Bureau avait encore une autre tâche à remplir. Dans cette même réunion de l'année dernière, il avait été chargé de modifier les statuts et le programme, c'est-à-dire de préparer un projet qui devait être soumis à la discussion et à la ratification de l'assemblée générale. Ces deux questions figurent à l'ordre du jour de notre réunion.

Auparavant, une petite observation : J'espère que tous ces Messieurs ont bien compris ce que je viens de dire et qu'il n'est pas besoin de le répéter en langue allemande. Si un orateur pense qu'il ne peut pas suffisamment s'exprimer en français, il lui est loisible de se servir de la langue allemande.

On passe au premier point de l'ordre du jour :

Les Statuts.

M. Jung. — Messieurs, nous vous proposons plusieurs changements. Quelques-uns sont d'ordre matériel et tendent à rendre les statuts plus pratiques; les autres ont pour but de rendre le texte plus clair.

Le Président donne lecture des premiers paragraphes et indique les modifications (renvois à d'autres paragraphes).

M. François, député, demande si on ne voudrait pas aussi comprendre les présidents des Comices agricoles parmi les membres du Comité départemental.

M. Jung. — Si nous commençons par admettre des représentants d'un groupement professionnel, nous ne pouvons pas refuser de recevoir les autres : Chambre de commerce, Chambre des métiers, etc.

M. Nominé. — Je voudrais que la même règle qui est donnée pour les députés et sénateurs soit applicable aux conseillers généraux.

M. Antoni (en allemand). — Les Comices agricoles n'ont rien à voir avec l'organisation.

M. Schuman. — La demande de M. Nominé a trait au paragraphe 4. Il y aura lieu d'intercaler cette addition : « **En tant qu'ils sont membres du Parti.** »

Au § 5. M. Jung fait remarquer qu'au chiffre 2 on a supprimé la disposition transitoire : « Pour la première réunion.... etc. », qui est sans objet.

Au § 6, on raie dans le titre les trois mots : « Comité d'action ou »; on lira seulement : « Le Bureau ». Au premier alinéa, il y a une modifi-

cation matérielle à ajouter. Pour combler une lacune regrettable, nous réclamons la présence, aux réunions du Bureau, de sénateurs et députés pour être tenus au courant de ce qui se passe à Paris. Cette modification est ainsi conçue : « Deux sénateurs et trois députés, délégués par leurs collègues, appartiennent de droit au Bureau. »

M. Charton. — Dans ces conditions, le nombre des membres dont se compose le Bureau serait de 14 et non plus de 9 seulement.

Le général Hirschauer propose de revoir la rédaction.

M. Charton. — Les neuf membres peuvent être pris dans chaque arrondissement.

Le général Hirschauer. — Il serait préférable de dire : « Le Bureau se compose de 14 membres, savoir : 9 membres à raison de un par arrondissement, de deux sénateurs et trois députés. »

Finalement l'assemblée décide de s'en rapporter au Bureau pour la rédaction de cet alinéa.

M. Antoni. — Il est nécessaire de faire ressortir que les députés et sénateurs ne doivent pas avoir plus de la moitié des voix au Bureau.

M. Jung. — Je n'y verrais pas d'inconvénient, parce qu'ils sont toujours membres de notre Parti.

Le général Hirschauer. — Je ne suis pas de votre avis. Les parlementaires n'ont pas de contact permanent avec le pays. J'appuie la proposition de M. Antoni.

M. Schuman. — Il suffira de spécifier que les **neuf membres représentant les arrondissements sont à choisir en dehors des parlementaires.**

On adopte le § 7.

Le § 8 est à rayer; la disposition relative à la dissolution est à renvoyer au § 24.

Au § 10, « Membres », un amendement est prévu quant aux sénateurs et députés.

L'admission et l'exclusion des parlementaires sera réglée par le § 22.

Le général Hirschauer. — Le paragraphe 10 prévoit que toute personne âgée d'au moins dix-huit ans peut être admise comme membre de l'U. R. L. Je ne trouve pas mauvais que des jeunes gens de dix-huit ans assistent à des réunions du Parti. Mais j'avoue que le fait de donner à des jeunes gens qui ne sont pas électeurs le droit de désigner une candidature me paraît être une anomalie complète. Je ne peux pas admettre que la voix du père et du fils aient dans ces conditions la même valeur. La vie publique commence de par la loi avec l'âge de raison.

M. Jung propose de remplacer les mots : « Toute personne âgée... » par ces deux mots : « **Tout électeur** habitant le canton », etc.

Le général Hirschauer, continuant : Si l'assemblée estime que c'est une bonne chose que les jeunes gens de dix-huit ans écoutent la discussion dans nos réunions, je n'y vois aucun inconvénient. Ils y entendront des paroles sages et ne seront pas tentés d'aller dans les assemblées voisines, où d'ailleurs ils n'ont même pas voix consultative. Quand on a dix-huit ans, on écoute son père.

M. Weber. — C'est simplement au point de vue théorique que le général Hirschauer vient d'émettre cette opinion. L'admission des jeunes gens à nos réunions sera une simple tolérance.

Au § 13, **M. Jung** motive un texte additionnel précédant la dernière phrase du quatrième alinéa : «... et se prononcera sur l'admission des conseillers généraux et d'arrondissement qui n'étaient pas membres du Parti ». Il s'agit de donner aux groupements les mêmes attributions, en ce qui touche les conseillers généraux et d'arrondissement, qu'à l'assemblée générale relativement à l'admission des parlementaires. Il y avait une lacune sous ce rapport. Nous avons au Conseil général trois membres qui n'ont pas été présentés par le Parti aux dernières élections. Ces messieurs s'y sont ralliés. Ils travaillent avec leurs collègues et ont pris une part active aux réunions de leurs cantons et même des cantons voisins. Les assemblées cantonales doivent donc être autorisées à se prononcer sur l'admission des conseillers généraux et d'arrondissement, ainsi que sur leur exclusion.

M. Weber. — Au quatrième alinéa de ce paragraphe, il faut substituer le chiffre § 22 au chiffre § 23.

Au § 14, deuxième alinéa : « Le président peut être élu par acclamation ; il le sera au vote secret », etc., le **général Hirschauer** fait remarquer que le vote par acclamation, lorsqu'il est proposé et refusé, constitue une sorte de manifestation de méfiance envers le président. D'ordinaire, pour cette raison, le vote secret n'est jamais demandé. Le vote par acclamation ne donne pas la même force au président qu'une belle majorité.

L'assemblée partage cette manière de voir. La phrase sera donc ainsi libellée : « **Le président sera élu au vote secret.** »

Les §§ 15, 16, 17 et 18 sont adoptés sans changement.

Au § 19, le **général Hirschauer** demande des explications au sujet des voix multiples (trois) que peut émettre au Comité départemental un parlementaire qui est en même temps conseiller général et délégué cantonal.

M. Antoni. — Il est absolument nécessaire de maintenir cette disposition. Nous n'avons pas beaucoup de monde. Quand on doit envoyer quelques-uns, il faut choisir les plus intelligents. (Hilarité.) Je pense que le conseiller général est le plus intelligent. (Rires.) Il est nécessaire que, le cas échéant, les trois voix puissent être émises par la même personne.

Les §§ 19, 20 et 21 sont adoptés.

Au § 22, **M. Schuman** motive l'amendement proposé : « Elle (l'assemblée) se prononcera également sur l'admission et sur l'exclusion des sénateurs et députés, dont la candidature n'avait pas été proposée par le Parti », qui est adopté.

Sur ce même § 22 b), « Attributions », alinéa 3, deuxième phrase, **M. Déro**, de Boulay, demande qu'il soit spécifié que « C'est à elle (la réunion plénière) **seule** qu'il incombe », etc. Les candidats proposés devront être présents et déclarer s'ils acceptent la candidature et le programme.

M. Schuman. — On pourra tomber d'accord sur une candidature en l'absence d'un candidat. On ne peut pas faire, de ce que propose M. Déro, une règle absolue. Ce sera à l'assemblée de décider.

M. Déro. — Voici le texte que je propose : « Les candidats proposés devront être présents. »

M. Schuman. — Les propositions de candidatures émanant de groupements cantonaux doivent être communiquées au Comité départemental, qui convoque les candidats.

L'assemblée décide **d'abandonner la rédaction de ce passage au Bureau.**

Au § 24, il y a lieu d'ajouter le texte du § 8.

Enfin la numération des paragraphes est à modifier.

M. Nominé demande quelle sera la **forme juridique** de l'association. Est-il question de la faire inscrire ?

M. de Bertier. — Sous l'empire de la loi de 1884, toute société doit être constituée par sept membres et les statuts doivent être déposés à la mairie. Par le fait même, l'association a force de loi.

M. Schuman. — La loi de 1884 ne vise que les syndicats. Nous avons toujours le régime local ; la loi de 1884 ne peut pas jouer pour nous.

M. Nominé. — En attendant, nous n'existons pas.

M. Schuman. — Il y a encore l'inscription au registre du tribunal de bailliage.

M. Nominé. — Je voudrais faire éclaircir cette question.

M. Schuman. — S'il était nécessaire, on pourra faire faire une déclaration par les neuf représentants du bureau.

M. Jung demande s'il y a encore des observations à présenter sur l'ensemble des statuts.

Personne ne demandant la parole, le Président met aux voix l'adoption des statuts qui sont approuvés à l'unanimité.

Programme de l'U. R. L.

M. Jung. — Messieurs, nous allons passer au second point de l'ordre du jour : **Le programme.** Permettez-moi à ce sujet quelques explications préliminaires. En ce qui concerne le programme, une refonte complète s'imposait, afin qu'il reflète le plus possible nos aspirations et celles de nos braves populations. Il ne pouvait s'agir d'exposer les choses dans le détail. On aurait allongé le programme outre mesure. On le trouve déjà long. Il fallait s'en tenir aux principes généraux. Nous nous sommes appliqués à les formuler de manière à ce qu'il renferme à peu près tout ce qui a trait à la politique, à l'administration, aux affaires scolaires, aux questions religieuses, aux finances, à la politique sociale et économique. Il contient tout ce que nous demandons. Le texte n'est pas parfait. Ce n'est qu'un projet élaboré minutieusement. C'est à vous, Messieurs, qu'il appartient de lui donner une forme définitive. Pendant l'élaboration du programme, il y a eu par ci, par là, sur des points secondaires, des divergences parmi les membres du Bureau. Finalement, après une discussion approfondie, après avoir reconnu que les grands principes étaient sauvegardés de part et d'autre, on s'est montré disposé à faire, sur des points plutôt secondaires, des concessions, et c'est au moyen de concessions réciproques que nous avons enfin abouti à une entente dans l'intérêt de la grande tâche que nous avons assumée.

Ce projet a été communiqué à tous les groupements cantonaux, aux quarante-deux sections organisées, avec prière de l'examiner et de nous faire connaître les observations auxquelles il aurait donné lieu. Parmi les rapports qui me sont parvenus, il y en a plusieurs qui contiennent des observations généralement sur des questions de détail. Quant aux grands principes fondamentaux, on n'y a pas touché. Je suis persuadé que l'assemblée générale réunie dans cette salle est animée du même esprit de concorde. Si peut-être l'un ou l'autre d'entre nous a sur un point plutôt accessoire une opinion personnelle différant de celle de la majorité, je suis certain qu'il ne manquera pas de se rallier à la majorité pour assurer cette union dont nous avons encore si grand besoin (Très bien !) pour la réalisation de nos vœux, pour la solution des problèmes politiques qui restent à résoudre. Un de nos sympathiques parlementaires. M. Guy de Wendel, n'a-t-il pas exprimé dernièrement l'opinion de tous ceux qui sont au courant de la situation et qui ont le souci du bien-être du pays, lorsqu'il écrivait : « Les votes des députés et sénateurs lorrains sont faciles à expliquer. Le sens en est clair. Ils signifient que les élus du 16 novembre 1919 demeurent fidèles à leurs programmes. Ils ne pensent pas « que la tâche soit assez avancée pour que l'esprit « d'union, de réalisation et d'ordre, avec lequel « ils se sont promis de la conduire, ait cessé d'être « nécessaire au pays ». Bravos !)

En d'autres termes : Pas de luttes intestines, point de luttes stériles ; maintien de l'union dans l'intérêt de notre patrie, de la France républicaine tout entière. (Bravos.) C'est dans ces dispositions d'esprit que nous allons aborder la discussion.

Le général Hirschauer formule une proposition préjudicielle. On ne peut pas, dit-il, arrêter des textes en séance. Quand on rédige une loi en séance, elle devient inopportune. Lorsque les points principaux seront arrêtés, on laissera les points en discussion à la rédaction du Bureau,

M. Jung. — S'il y a des amendements à présenter au cours de la discussion, je prierai les promoteurs de les formuler par écrit, et si la rédaction ne peut pas se faire tout de suite, on la reprendra en séance de Bureau.

Le général Hirschauer. — C'est entendu ; on s'en remettra au Bureau. Ce qui importe, c'est l'accord sur les principes.

M. Schuman demande la parole pour une remarque. Il est bien entendu, dit-il, que nous sommes en réunion privée et que ces messieurs appartenant à la presse ne sont pas ici comme journalistes. (Très bien !) Il sera adressé un communiqué à la presse.

M. Guy de Wendel. — En d'autres termes, on communiquera le résultat de nos discussions mais non les débats mêmes.

M. Schuman donne lecture du texte tel qu'il est proposé par le Bureau. On a tenu compte, dit-il, des amendements envoyés par les groupements.

M. Déro demande s'il est bien nécessaire de relire tout le programme.

Plusieurs voix : Oui, oui !

Au premier alinéa, à propos de la phrase: « Elle proclame à nouveau ... », le **général Hirschauer** dit : J'estime que ce n'est plus le temps de répéter que nous sommes contents d'être Français. Il propose la suppression de ce passage.

Il ne restera donc que la première phrase de cet alinéa : « L'U. R. L. fait appel à tous les bons Français ... ».

A l'alinéa 2, le **général Hirschauer** propose de substituer aux mots: « Plaçant au premier rang de ses préoccupations ... » les mots: « Placée à l'avant-garde de la France ». Le général expose que le souci de la sécurité du pays a déterminé les députés et sénateurs à ne pas donner leurs voix au gouvernement lors des interpellations sur la politique générale. L'abstention des sénateurs au vote a démontré au président du Conseil que nous ne voulons plus de politique des yeux bandés. Notre abstention sera probablement un avertissement pour M. Briand.

M. Schuman. — On peut rédiger la même pensée de dix manières différentes.

Le général Hirschauer. — Il faut peser les mots et ne mettre que les choses tout à fait importantes. Je vous demanderai fréquemment des réductions pour ne laisesr subsister dans le programme que les revendications sur lesquelles porte le mécontentement. Il ne faut pas demander trop. La question religieuse et scolaire, c'est l'essentiel; le reste est secondaire.

M. de Bertier. — Vous êtes en présence d'une rédaction qui a été arrêtée dans une dizaine de séances.

Le général Hirschauer. — Il faut réduire le texte. Il est superflu, par exemple, d'assurer que nous sommes sincèrement attachés à la Constitution républicaine. Nous sommes tous républicains. Je demande à l'assemblée de s'en tenir aux points indispensables. On ne peut pas envoyer des mandataires au Sénat et à la Chambre avec les membres ligotés. Il y a des points essentiels: la politique religieuse et scolaire.

M. Schuman. — Nous sommes d'accord sur le fond pour ces deux alinéas.

(M. Schuman continue la lecture de l'alinéa 3: « ... elle demande la revision de la Constitution ... »)

Le général Hirschauer et **M. François** font remarquer que la revision de la Constitution est une question très grave.

M. Guy de Wendel. — Ce n'est pas tout à fait la question.

Le général Hirschauer. — Cela s'appelle la revision de la Constitution dans le programme.

Or, nous avons devant nous un programme militaire formidable, la question des finances, des canaux, des chemins de fer, la réforme administrative. Est-ce que vous croyez que la revision de la Constitution peut venir du jour au lendemain? On ne fait pas un programme pour l'éternité.

M. Antoni. — Je crois qu'il est absolument impossible de dire que nous devons tout retirer de notre programme. Il a été discuté dans toutes les réunions cantonales. Il a été étudié pendant un an. Nous en avons examiné tous les points. On ne nous a pas demandé de retrancher quoi que ce soit. Nous ne pouvons pas accepter de telles réductions. Nous sommes venus ici avec la conviction que nous aboutirions enfin à un résultat. Que chacun dise ce qu'il veut modifier et qu'on arrive ensuite à une conclusion.

M. Guy de Wendel. — Je ne suis pas tout à fait de l'avis de M. Antoni. Il ne faut pas qu'une assemblée comme celle-ci annule un projet préparé. Il faut trouver un texte qui donne satisfaction à tout le monde. On peut y faire des observations. Il est très important que chacun dise ce qu'il pense. Il ne faut pas, quand on sortira d'ici, qu'on puisse croire tout le temps: Il y a beaucoup de gens qui n'ont pas pu donner leur avis.

M. Schuman. — Ce texte de l'alinéa 3 est dans toutes les professions de foi. Le principe de la revision de la Constitution se trouve posé dans le message du Président de la République lors de son élection.

M. Antoni. — Je n'ai pas voulu dire que nous ne devions pas discuter.

M. Moncelle demandant des explications, **M. Schuman** expose ce qui suit:

— Voici l'idée qui a inspiré cette rédaction: Nous avons été élus par la loi actuelle. En somme, cette loi n'était qu'une étape nouvelle. Il y a la représentation proportionnelle intégrale; il existe plusieurs projets à cet égard et on peut envisager plusieurs solutions possibles sans abandonner le terrain de la loi actuelle. La réforme électorale que nous avons en vue doit réaliser la justice électorale dans la mesure du possible. Nous ne pouvons pas nous identifier avec une solution déterminée.

M. Moncelle. — Je crois qu'il ne peut y avoir que deux solutions: la représentation actuelle avec prime à la majorité et la représentation proportionnelle intégrale.

M. Schuman. — Nous ne pouvons pas faire entrer la solution dans le programme.

Le général Hirschauer. — Alors vous voulez défaire la majorité: vous perdrez des plumes.

M. Schuman. — Je vois l'ensemble de la France; je ne veux pas subordonner mon jugement à mes intérêts. Il existe un certain courant; nous ne pouvons pas l'ignorer.

M. Guy de Wendel. — La modification de la loi amènera au Parlement un plus grand nombre de radicaux et de socialistes. Voilà où vous arriverez. Est-ce à nous, parti de tolérance et d'ordre, à leur aider à avoir une plus grande majorité?

M. Schuman. — Si nous demandons la représentation proportionnelle intégrale, nous subirons des pertes.

M. Nominé. — Nous sommes ici pour dire l'opinion de nos électeurs. Il faut dire carrément: Nous sommes pour le principe. Comment voulez-vous que nous allions devant nos électeurs dans une réunion si nous ne sommes pas fixés sur cette question?

M. Moncelle propose la suppression du paragraphe.

M. Nominé. — Si vous n'avez pas d'opinion, n'en parlez pas.

M. Jung. — On vient de présenter un amendement demandant la suppression de ce paragraphe. Je vais mettre cette proposition aux voix.

M. Nominé. — Allez une fois dans une réunion socialiste pour défendre une thèse de ce genre. On vous dira: Vous n'avez pas de programme.

Au vote, une forte majorité se prononce pour la suppression du paragraphe.

Au § 5, **M. Nominé** soulève la question du vote des femmes.

M. Guy de Wendel. — Dans le pays, on est en faveur du vote des femmes. Mais pour quelle assemblée se pose la question?

Il n'est pas donné de réponse.

On passe aux questions administratives.

M. Nominé. — Qu'entendez-vous par « traditions essentielles »? Je tiens à ce que l'on précise les choses.

M. Schuman. — On les déterminera.

Le général Hirschauer. — Je suis du même avis que M. Nominé. Il faut préciser.

M. Jung. — Le Bureau était guidé par les promesses faites par les principaux représentants de la France.

M. Schuman. — Il ne s'agit pas seulement des traditions religieuses ou scolaires; il peut y avoir aussi des traditions économiques. On ne peut pas en faire l'énumération.

M. Nominé. — Comment voulez-vous continuer les traditions si vous ne les mentionnez pas?

Le général Hirschauer. — Qu'on veuille bien mettre par écrit ce que l'on a dans le cœur et qu'on dise: Nos traditions religieuses et scolaires. Il est évident que nous ferons des concessions sur le Code civil, mais pas sur la question religieuse et scolaire.

M. Schuman. — Il y a les principes généraux dans chacun des chapitres. Il y aura ensuite l'application de ces principes.

M. Schuman continue la lecture du projet de programme: les chiffres 1, 2 et 3. C'est un chapeau, dit-il. (Très bien!) Il fallait éviter une énumération inutile. On mettra les trois chiffres sous le programme politique.

M. Jouin. — Je voulais demander des précisions. Il faut que nous sortions d'ici avec l'assurance d'avoir quelque chose de pratique.

M. Schuman. — Pour l'application, il peut y avoir des divergences d'opinion.

On en arrive au chiffre 9 des « Questions administratives ».

M. François. — Ne faudrait-il pas prévoir pour les fonctionnaires l'interdiction de se mettre en grève?

Dans la phrase commençant par ces mots: « Tous les candidats ... », le **général Hirschauer** propose de supprimer l'incidente: « quelle que soit leur origine », Cette proposition est adoptée.

Parlant de la décentralisation administrative, le général Hirschauer dit qu'il serait peut-être intéressant de dire dans le programme que nous aurions beaucoup de regrets de voir disparaître en Lorraine la puissante institution de la sous-préfecture. A l'intérieur, la sous-préfecture est une boîte aux lettres. Le sous-préfet n'a aucun pouvoir d'arrêter des solutions. A présent, on veut des sur-préfets; ceux-ci auraient naturellement des pouvoirs spéciaux; mais il s'ensuivrait que toutes les questions qui devraient être réglées dans la région le seraient à Paris. Nous avons dans ce pays une institution qu'il faut maintenir. Je suis resté pendant quelque temps dans la région de langue allemande. J'étais extrêmement frappé de voir appliquer la loi locale par le sous-préfet, qui a des pouvoirs très étendus. Mon principe est qu'il doit y avoir un contact entre les administrés et l'administrateur. Supprimez le sous-préfet, vous serez sans aucun point de liaison de Bitche à Metz. (Marques d'approbation.)

La région économique n'existera que si elle a son budget spécial, que si, par conséquent, on peut régler les questions au chef-lieu de la région. Mais chez nous, la puissance des sous-préfets est réelle. Ce sont des fonctionnaires bien formés, avec un personnel suffisant pour administrer, pour établir le contact et le maintenir. Le sous-préfet, dit-on, est un agent électoral. Mais la question n'a jamais été entrevue sous la forme administrative. Les sous-préfets doivent avoir une formation administrative. Nous désirons le maintien des sous-préfectures. La véritable décentralisation, c'est d'assurer l'administration.

L'assemblée décide que le Bureau sera chargé d'arrêter le texte de cette revendication dans le programme.

M. Schuman ajoute qu'il s'agit là d'une question très importante. Les députés de la Moselle ont signé une proposition de loi demandant le maintien des sous-préfectures.

Politique scolaire.

M. Schuman donnant lecture du texte arrêté, dit au sujet du « maintien de l'école primaire et de l'école normale confessionnelle, conformément à la législation actuellement en vigueur », que l'ancien texte avait donné lieu à différentes objections.

M. de Wendel. — Ce texte est beaucoup plus court que l'ancien.

M. Déro demande une rectification de la phrase chiffre 14 (nomination du personnel).

M. Antoni voudrait profiter de l'occasion pour présenter quelques observations qu'il a été chargé par plusieurs communes de formuler. En haut lieu, dit-il, on nous fait beaucoup de promesses; mais on les sabote par le bas. M. Antoni cite le cas d'une institutrice libre-penseur qui est maintenue à la tête d'une école confessionnelle à Sélestat, malgré les protestations des catholiques. Nous n'avons que rarement l'occasion de voir les députés. Nous les prions de se montrer énergiques. Nous voulons voir des actes et non pas seulement entendre des paroles.

M. François dit qu'il est question de créer une Ecole normale d'institutrices à Metz.

M. Antoni. — Je n'ai pas encore fini. Les manuels que l'on met entre les mains des écoliers sont pour la plupart hostiles à la religion. Le peuple n'en veut pas.

M. Jung constate que la revendication relative au choix des manuels scolaires se trouve dans le programme.

M. Hackspill dit qu'il veut éviter des incidents, mais au fond, M. Antoni a raison. Les directives de l'administration supérieure sont bonnes.

Mais dans certains cas d'espèce, des organes subordonnés, des inspecteurs d'Académie, des inspecteurs primaires, certains instituteurs et institutrices ne se conforment pas à ces instructions. Ce sont des cas de minorité et d'exception. Personnellement je connais des instituteurs de l'intérieur qui sont de braves gens. Il ne faut pas généraliser des cas d'espèce. Il faut être juste.

Je suis absolument convaincu que beaucoup d'instituteurs de l'intérieur valent plus que certains instituteurs sortis de nos écoles normales et qui s'étaient affiliés au « Deutscher Lehrer-Verein ». Avant la guerre, j'ai constaté à plusieurs reprises, chez des curés, qu'il y avait des instituteurs ne valant pas la corde. A Strasbourg, il y avait à l'Université cinq professeurs catholiques sur un total de 120; aujourd'hui il y en a plus de la moitié, et ce sont tous de braves gens. Dans les lycées, nos instituteurs et nos professeurs avaient autrefois à côté d'eux des ennemis de notre religion et des adversaires de notre cause; la plupart des professeurs de lycée étaient jadis des immigrés. Ils ont été remplacés par des professeurs de l'intérieur; parmi eux, il y a beaucoup de catholiques qui sont des nôtres. A l'école primaire, c'est un devoir de conscience pour nous de veiller à ce que le caractère confessionnel soit respecté. Mais quand nous remarquons des cas d'hostilité, ce sont des cas de minorité. Il faut que nous rendions l'administration attentive à des faits précis; il appartient au maire de la localité, aux comités scolaires à intervenir; c'est aussi l'affaire des pères de famille. A L'Hôpital, depuis des mois, il y a une situation qui traîne. Si, dans des cas de ce genre, on n'aboutit pas, qu'on nous en saisisse. Quand les subordonnés sont en conflit avec les lois, il importe que nous en soyons prévenus. Nous serons avec le gouvernement, avec le Commissariat général, avec le préfet pour faire respecter les lois; nous sommes les amis de l'administration supérieure. (Applaudissements.)

M. Guy de Wendel. — Je m'associe à ce que vient de dire mon ami Hackspill. Il est arrivé que lorsqu'on demandait le déplacement d'un instituteur à Paris, on ne l'a pas accordé en spéculant sur les dissentiments entre les députés. On nous répondait: Ce n'est pas le point de vue de vos collègues. A cet égard il y a un grand progrès. Je n'aime pas faire des promesses, mais je crois qu'à l'avenir on tiendra un peu plus compte des démarches des députés. Quand il y a des cas donnant lieu à des plaintes, il importe d'avoir des faits précis, exacts, contrôlés, de manière à pouvoir en saisir le Commissaire général et les députés, mais pas la presse. Quand elle s'empare d'un cas, il se forme immédiatement deux camps. Il est beaucoup plus facile de se débarrasser d'un personnage gênant en intervenant auprès des administrations compétentes. (Très bien.)

M. François cite le cas d'un instituteur ayant fait à ses élèves une dictée dans laquelle il était dit que Jésus-Christ n'existait pas. Trois jours après, l'instituteur était révoqué. (Très bien.)

M. Labat, de L'Hôpital, dépeint la situation intolérable qui existe dans cette commune et il parle de cas qui nuisent à la cause française. Quand nous faisons valoir nos réclamations, dit-il, on nous répond que nous n'avons pas la connaissance suffisante pour apprécier les choses. Les instituteurs et institutrices ont été changés plusieurs fois dans l'espace de trois semaines. L'éducation de la jeunesse en souffre. Les subordonnés se savent soutenus dans les questions scolaires. J'ai rendu l'administration attentive à cette situation; rien n'y a fait. Une explosion de mécontentement se produira fatalement.

M. Jung engage le préopinant à s'adresser au Secrétariat du parti et à en saisir les députés.

M. Schuman prie M. Labat d'envoyer les délibérations du Conseil municipal aux députés, qui aviseront. Revenant au texte du programme concernant la politique scolaire, M. Schuman demande à l'assemblée d'arrêter le texte en ce qui concerne le maintien de l'école confessionnelle.

M. Guy de Wendel demande s'il ne serait pas plus facile de résumer toute la revendication portant sur la politique scolaire en demandant le maintien du « statu quo ».

M. Nominé soulève la question des dépenses scolaires incombant aux communes. Le budget des communes, dit-il, est obéré par ces dépenses. Il y a un premier pas à réaliser. Nous payons déjà, dit-il, notre part de contributions à l'État. Donc nous sommes doublement chargés. La formule que je vous propose est le remboursement de la totalité des dépenses du personnel de l'enseignement primaire.

M. Vautrin apporte quelques précisions à ce sujet.

M. le Dr François prie ces messieurs de ne pas toucher à la question financière, car si on veut discuter la question des traitements on soulèvera toute la question scolaire.

M. le général Hirschauer fait observer que la question dont parle M. Nominé est déjà réglée dans le sens qu'il demande par un texte de la page 2.

M. Nominé tient à souligner la nuance de sa proposition. Puisque, indique-t-il, nous touchons déjà une subvention qui représente une partie des dépenses du personnel, nous demandons le remboursement de la totalité de ces dépenses.

M. le Dr François. — Cette réclamation n'est pas une question de programme; c'est un vœu.

M. Nominé. — Le principe existe. Je veux seulement l'augmentation de cette subvention et le remboursement des dépenses dans leur totalité.

M. Schuman. — La question est plus simple et plus large. Je suis d'avis de ne pas la traiter sous la rubrique scolaire, mais sous la rubrique financière.

M. le colonel Stuhl. — On vient de me faire remarquer qu'il serait utile d'ajouter une mention qui concerne le comité scolaire. M. Stuhl parle du projet de loi qui tend à porter la scolarité à 14 ans. Il n'y aura pas de majorité pour ce projet et il ne serait plus utile de le discuter. J'avais déposé un amendement pour maintenir l'état de choses qui existe ici: la scolarité pour les garçons jusqu'à 14 ans, pour les filles jusqu'à 13 ans. M. Stuhl s'étend sur le rôle des comités scolaires qui doivent s'intéresser à l'instruction et être consultés lorsqu'il s'agit d'accorder des congés ou autres faveurs aux enfants. D'après ce qui est convenu, le projet reviendra en seconde lecture devant le Sénat et alors le colonel Stuhl reprendra son amendement ayant pour objet de maintenir les attributions des comités scolaires en Alsace et Lorraine.

M. Schuman observe que la loi sur les comités scolaires n'est pas appliquée comme elle devrait l'être.

La séance est suspendue à 12 h. 45.

Elle est reprise à 14 h. 45.

Le Président. — Nous continuons la discussion du programme.

M. Weber. — A la demande d'un certain nombre de mes collègues qui sont tenus à leur horaire, je propose de prendre le numéro 5 du programme: Election du Bureau.

M. Jung propose de terminer l'examen du programme et d'en arriver ensuite à l'élection du Bureau; on n'accorderait que quelques minutes à ces messieurs qui prendront la parole.

MM. Klein et **Everlé** font remarquer que beaucoup de messieurs manquent encore. Il semble préférable de terminer la discussion du programme, ce qui ne prendra plus que peu de temps.

M. Schuman donne lecture du passage concernant la politique religieuse.

M. Déro propose un amendement à la seconde phrase : « **Elle demande le maintien,** dans notre département, du « **statu quo** » en ce qui concerne nos institutions religieuses. »

M. Guy de Wendel croit qu'une modification du texte est nécessaire; il n'est pas assez concis. C'est une question de rédaction qui est abandonnée au Bureau.

MM. Schuman et Antoni déclarent que cette phrase est absolument nécessaire.

Le général Hirschauer dit qu'il y a eu reprise des relations entre la France et le Vatican. Cette reprise est effective, puisque nous avons un envoyé extraordinaire auprès du Vatican et que nous avons à Paris un nonce. Mais la nomination de l'ambassadeur au Vatican n'a pas été confirmée par la loi de finances dans laquelle sont inscrits les traitements des ambassadeurs. Le gouvernement a mis le Parlement devant une situation de fait. Devant la Chambre il n'éprouvera aucune difficulté; mais au Sénat, ce ne sera pas la même chose. Le parti radical et radical socialiste a la majorité et nous serons obligés de faire très attention lorsque nous discuterons la question de l'ambassade au Vatican. Il faut arriver à détacher un certain nombre de voix du parti radical. Il s'agit de montrer qu'il n'y a pas seulement une question religieuse, mais une question de politique générale. Aux adversaires il faudra dire : Quand toutes les puissances ont auprès du Saint-Siège un ministre qui les représente, une grande puissance comme la France ne peut pas rester sans représentant. Le Vatican est le centre de renseignements le plus grand dans le monde. C'est là où existe la plus grande influence de l'univers. Mais nous serons obligés de lutter. J'espère que nous aurons avec nous un certain nombre de membres de la gauche radicale qui voteront dans un intérêt de politique nationale, comme MM. de Monzie, Scheurer, etc., partisans de la reprise des relations avec le Saint-Siège. Quant à l'importance de la question religieuse en Alsace-Lorraine, en Sarre et dans le Palatinat, nous laisserons à nos collègues portant la soutane, MM. Delsor et Collin, le soin de l'exposer.

A cette occasion, le général Hirschauer informe l'assemblée qu'il revient avec MM. Moncelle et de Marguerie de chez M. Collin, qui est très gravement malade.

M. Schuman propose pour la seconde partie du programme de la politique religieuse une rédaction qui est adoptée; elle est ainsi conçue :

« Elle demande le maintien, dans notre département, du « statu quo » en ce qui concerne nos institutions religieuses, qui sont justifiées par l'histoire et qui ont permis d'assurer la paix établie entre toutes les confessions. Elle estime en général que les rapports entre l'Eglise et l'Etat doivent continuer à faire l'objet d'une entente entre les deux pouvoirs. »

On passe au programme économique.

A l'alinéa 2 (création de coopératives), le **général Hirschauer** dit qu'il reçoit beaucoup de lettres de commerçants qui se plaignent des coopératives.

M. Schuman. — Il s'agit surtout de coopératives militaires, qui vendent à des civils.

Le général Hirschauer. — Ce n'est pas interdit. Tous les mobilisés des deux côtés peuvent acheter à la coopérative.

On aborde la politique sociale.

Au sujet du passage : « ... elle s'inspire des idées de justice et de solidarité qui sont les bases de notre civilisation **chrétienne** ... », **M. Weber** déclare que notre Union est une Union interconfessionnelle; il estime que l'adjectif « chrétienne » n'est pas de mise ici; les israélites pourraient s'en offusquer. Je sais bien que le Comité de rédaction a voulu voir les choses de haut.

M. Antoni. — Nous sommes un parti chrétien.

M. Weber. — A Boulay, nous avons dit hier que l'U. R. L. doit réaliser l'union de tous les esprits. C'est un principe de l'ancien Parti Lorrain. On admet toutes les bonnes volontés !

Par 23 voix contre 16, la suppression du mot « chrétienne » est décidé.

M. Schuman, au moment où l'on allait procéder au vote, avait dit. — On n'exclut pas les israélites; on constate simplement la base de la civilisation chrétienne.

M. l'abbé Müller parle de la journée de huit heures, dont les ouvriers demandent le maintien. Il voudrait savoir ce qu'en pense le parti. Il existe à cet égard des préjugés dans le monde ouvrier; il faut donc de la clarté.

M. Schuman. — Voulez-vous une modification dans le texte du programme ?

M. l'abbé Müller. — On pourra émettre un vœu. Il n'est pas pris de décision.

Relativement à la partie du programme touchant la politique financière, M. Schuman demande à l'assemblée si elle veut introduire un amendement dans le sens indiqué le matin par

M. Nominé au sujet des charges fiscales des communes pour l'enseignement primaire et demandant que ces charges pour les communes d'ici ne soient pas plus élevées que dans les autres communes de l'intérieur.

Aucune proposition n'étant faite et personne ne demandant plus la parole, **le Président** met aux voix l'ensemble du programme, qui est adopté à l'unanimité.

M. Schuman récapitule les modifications de texte; il sera tenu compte de différentes suggestions de M. le général Hirschauer.

M. Weber. — Les statuts et le programme devront faire date dans l'histoire de notre parti et porteront la date de ce jour. (Marques d'approbation).

M. Antoni. — Chaque député ou sénateur qui ne travaillera pas selon ce programme, devra être exclu du parti.

Election du Bureau.

On aborde le numéro 5 de l'ordre du jour: Election du Bureau, réglé par l'art. 6 (anciennement 5) des statuts.

M. le Président. — Nous avons à nous occuper de l'élection de neuf titulaires et de neuf suppléants. Il est décidé que cette élection se fera en un seul tour de scrutin. M. le Président précise que l'on mettra sur les bulletins deux noms de chaque arrondissement. Il est aussi d'avis que les délégués de chaque arrondissement se concertent préalablement.

M. Jung remercie les messieurs de l'ancien bureau de leur collaboration et de leur zèle dans la rédaction du programme et des statuts. C'est grâce, dit-il, à leur assiduité que nous avons pu établir la base de notre action future. M. Jung adresse l'expression de sa gratitude aux délégués des neuf arrondissements, à MM. Schuman, Houpert et Losson.

Voici quelle était jusqu'ici la composition du Bureau:

Arrondissements	Titulaires	Suppléants
Metz-Ville	Jung	Schuman
Metz-Campagne	Rollin	Pierson
Boulay	Weber	Jean Guir (mort le 28 novembre 1921)
Château-Salins	Michel	Dr Arthur François
Forbach	Borsenberger	Müller (Œting)
Sarrebourg	Antoni	Welker
Sarreguemines	Hœn	Schatz
Thionville-Est	de Bertier	Noel
Thionville-Ouest	Hackspill (décédé)	Fick

M. Weber rappelle que MM. François et Michel, qui faisaient partie du Bureau, empêchés d'assister aux séances, ont délégué notre très dévoué collègue M. Bour, qui a fait fonctionnaire de titulaire et de suppléant. Comment faire pour Château-Salins?

M. Jung dit qu'il y a à pourvoir à trois suppléances. M. Bour, qui est toujours là lorsqu'il s'agit de rendre service à la bonne cause, paraît tout désigné comme titulaire pour Château-Salins; M. Boulangier, de Kerprich, pourrait être le suppléant. Pour l'arrondissement de Thionville-Ouest, nous avons eu le malheur de perdre un de nos plus dévoués collègues, M. le Dr Hackspill. Nous avons eu recours à M. Fick, qui nous a désigné M. Lucien François, de Moyeuvre.

Au nom du Bureau, M. Jung exprime le regret de ce que le parti ait perdu un de nos plus zélés adhérents, M. Guir (l'assemblée se lève pour honorer la mémoire du défunt), et le général de Maud'huy, un de nos sympathiques représentants, qui a entrepris son œuvre avec tout le courage qui le distinguait et qui a été frappé comme un soldat au combat.

Avant qu'il soit passé au vote, M. Jung fait une déclaration:

L'année dernière, dit-il, vous m'avez fait entrer au Bureau comme président. J'ai cru devoir ne pas refuser en raison de la crise aiguë que traversait le parti; j'ai voulu de toutes mes forces contribuer au relèvement du parti. J'ai donc accepté pour aider à remettre le parti sur pied; mais j'ai ajouté qu'aussitôt cette tâche accomplie, je céderais la place à de plus jeunes et de plus qualifiés que moi. Le moment est arrivé; je rends mes galons et rentre dans le rang. (Cris: Non! Non! Les trois minutes sont passées!)

M. le général Hirschauer. — Nous sommes profondément reconnaissants à notre Président de l'effort qu'il a fourni; sa santé, à un moment, a été compromise. Nous devons maintenir ceux qui ont été votés l'an dernier et ne remplacer que ceux qui ont disparu. Il n'y a un vote à faire que pour les nouveaux. Je propose: 1º d'adresser des remerciements à notre Président (Vifs applaudissemets); 2º que nous n'acceptions pas sa démission; 3º que tous les délégués d'arrondissement soient maintenus et de ne faire porter le vote que sur les arrondissements où il y a des vacances.

M. Jung remercie le général Hirschauer de ses aimables paroles, mais il déclare qu'il rendrait un mauvais service au parti en restant à sa tête; il ne se sent pas capable d'un effort lorsqu'il s'agira de sortir au dehors. Il sera toujours là pour donner des conseils si on les lui demande, mais sa résolution est irrévocable. Vous avez des éléments plus vigoureux. Quand on a lutté pour le Bloc lorrain pendant plus de vingt ans, continue le Président, on ne change pas d'opinion. Je continuerai à travailler dans la mesure de mes forces; mais de grâce, mettez un autre à ma place.

M. Guy de Wendel. — Nous comprenons les motifs de M. Jung. Nous regrettons tous une détermination comme la sienne. Mais même s'il ne veut pas rester, il ne pourra pas nous refuser de continuer ses fonctions pendant un certain temps, afin de nous permettre de trouver à le remplacer. (Bravos.) C'est une condamnation avec sursis! (Hilarité.) Quant à la date, nous fixerons six mois, trois mois.

M. Jung. — Ma résolution est irrévocable. Je vous promets de seconder le nouveau président et le nouveau bureau.

M. le général Hirschauer. — Son bureau est une merveille d'organisation.

M. Jung. — Tous les huit jours, je suis alité. Mais par déférence pour votre personne et pour celle de M. de Wendel, je consens à rester jusqu'au mois de février 1922. (Bravos et applaudissements prolongés.)

Le Président résume les fonctions vacantes dans le Bureau:

Pour Metz-ville, il y a à nommer un suppléant.

Pour Thionville-Est, M. Noël est à remplacer; on propose M. Vincent-Everlé.

Pour Thionville-Ouest, on propose M. Lucien François comme titulaire et M. Gérardot, de Fontoy, comme suppléant.

Pour Château-Salins, M. le Dr Arthur François ne peut accepter; on propose M. Bour comme titulaire et M. Michel comme suppléant.

On procède à l'appel nominal. Les scrutateurs sont désignés et le scrutin est ouvert. Pendant le vote et le dépouillement, l'assemblée poursuit l'ordre du jour.

RAPPORT

sur la situation financière de l'U. R. L.

présenté par M. Losson, trésorier.

—o—

A. A la date du 1er octobre 1920.

I° Recettes:

Somme touchée par M. Losson	84.617,85 fr.	
» versée par M. le colonel Stuhl	2.500,—	»
» » » M. Bard	1.100,—	»
» » » M. Albrecht	2.034,00	»
Total	90.251,85 fr.	

II° Dépenses:

Journal de M. Bour	23.794,23	fr.
Dossier I	2.158,10	»
» II	4.468,35	»
» III	3.132,45	»
» Journaux, etc.	47.452,45	»
» Sénat	2.677,55	»
» Muller	6.591,15	»
» Losson	1.693,10	»
Total	91.967,38	fr.

III° Compte en banque:

Au 30 septembre 1920 (en faveur de la banque)	6.049,23	fr.
Versé le 1er septembre	5.000,—	»
Reste dû le 1er septembre 1920	1.049,23	fr.

IV° Compte Bour:

M. Bour a touché du trésorier	80.150,—	fr.
M. Bour a fourni des quittances pour	81.005,58	»

V° Factures non payées à la date du 1er octobre 1920:

a) Frais de bureau:

1o Facture Conrard	393,40 fr.	
2o Gaz	125,—	»
3o Salle Saint-Bernard	93,—	»
	611,40 fr.	ci 611,40 fr.

b) Pour les élections à la Chambre:

1o *Journal de Thionville*	650,—	fr,
2o *Le Lorrain*	200,—	»
3o *Journal de Boulay*	1.321,—	»
4o Stenger-Boulay	411,10	»
5o *Le Courrier de Metz*	260,—	»
	3.342,10. fr.	ci 3.342,10 fr.

c) Pour les élections au Sénat:

1o *Journal de Forbach*	138,60 fr.	
2o *Journal de Sarrebourg*	100,—	»
3o *Gazette de Sarrebourg*	216,80	»
4o *Le Lorrain*	364,40	»
4o *Volkszeitung*	1.232,—	»
	2.051,80 fr.	ci 2.051,80 fr.

d) Compte déficitaire à la banque:

au 1er octobre 1920	1.049,23 fr.	
Total des dettes au 1er octobre 1920	7.054,53 fr.	

B. Compte rendu sur la situation financière de l'U. R. L. portant sur la période du 1er mars 1921 (date de l'entrée en fonction du Comité actuel) **au 24 décembre 1921.**

I. Recettes:

Cotisations versées:

par MM. les Sénateurs	3.000,—	fr.
par MM. les Députés	6.500,—	»
par MM. les Conseillers généraux	1.800,—	»
par MM. les Conseillers d'arrondissements	250,—	»
Remboursement par le Tribunal	100,—	»
	11.650,— fr.	ci 11.650,— fr.

II. Dépenses:

Achat de chaises	200,— fr.
Loyer du Terminus.	124,65 »
Entretien du bureau	7.425,— »

7.749,65 fr ci 7.749,65 fr

Excédent de recettes . . . 3.900,35 fr

En caisse chez le trésorier	350,— fr.
Versé à la banque	3.550,— »

Total égal . . . 3.900,— fr.

Par suite du déficit de 1.089,00 fr. de l'ancien compte à la date du 31 décembre 1920, notre avoir en banque est d'environ 2.350 fr.

(Signé) **Losson.**

Après la reddition des comptes, **M. Jung** dit:

— Vous avez entendu que tous les conseillers généraux ont versé leurs cotisations. Ils sont en contact presque constant avec nous. Ils ne se sont pas laissés influencer par certains racontars. Ils nous jugent d'après nos actes; ils nous ont fait confiance. Quant aux parlementaires, aux conseillers d'arrondissement et aux différents groupements cantonaux, ils ne se sont libérés qu'en partie. Ils n'ont que peu de contact avec nous; ils ne connaissent pas notre activité, qui se poursuivra maintenant d'une manière constante, car nous avons des statuts et un programme, une base d'action. On pourra donner une impulsion nouvelle au parti; la propagande individuelle et collective pourra mieux s'exercer. Les cadres sont formés; tout le monde verra que l'organisation est une chose sérieuse. Tout le monde aura à cœur de verser son obole.

Sur la proposition de M. Jung, l'assemblée désigne MM. Nominé, Goulon et Krempp pour la révision des comptes.

L'adhésion des parlementaires au programme.

MM. Müller et **Nominé** soulèvent la question de l'adhésion de quelques sénateurs à l'U. R. L.

M. Schuman dit que cette question est réglée, du moment que ces messieurs acceptent le programme.

M. Jung. — Nous avons voté aujourd'hui un nouveau programme, qui a été accepté à l'unanimité.

M. Müller demande si M. Bompard a donné une délégation.

M. Antoni. — M. le général Hirschauer travaille avec nous. Il en est de même de M. de Marguerie. Mais nous ne savons pas où nous en sommes avec M. Bompard. Il faut attendre que M. Bompard ait accepté les statuts-programme et il faut aussi qu'il s'y conforme. Je ne comprends pas l'attitude de M. Jean, qui se sépare de ses collègues dans un vote important.

M. Nominé. — Pour bien marquer l'union qui s'est manifestée aujourd'hui, il conviendrait d'exprimer notre approbation à MM. le général Hirschauer, de Marguerie et le colonel Stuhl. On vient de mettre en cause leur collègue qui n'est pas là, M. Bompard. Chaque fois qu'il s'est agi d'une question essentielle touchant à la religion ou à l'école confessionnelle, M. Bompard était toujours avec nous. Lorsque s'est posée la question de la reprise des relations avec le Vatican, il est intervenu à la commission des affaires étrangères et il a demandé le vote. Sans doute, il n'est pas d'accord avec tout le monde. Mais il y a des principes essentiels où il collabore d'une façon absolue avec nous. Si vous voulez l'union entre tous, si vous ne voulez pas la division entre Lorrains, attendez que M. Bompard soit là pour se prononcer; car il n'y a pas matière à exclusion, ce qui serait une mesure très grave.

M. Weber. — M. Bompard n'est pas jusqu'ici adhérent de l'U. R. L. Il n'est pas inscrit comme membre.

M. Müller. — A-t-il payé des cotisations?

M. Jung. — Je vous prierais de ne pas poser la question de savoir qui a payé ou qui n'a pas payé. Si certaines cotisations n'ont pas été versées, la faute n'en est pas au Bureau; il aurait fallu nous donner d'autres ordres.

M. Schuman. — Nous ne parlons que du cas spécial de M. Bompard. Il ne faut pas le juger avant de lui avoir donné l'occasion de se prononcer. Le Bureau soumettra le programme à M. Bompard. Ce sera seulement après que M. Bompard aura fait connaître son attitude que nous pourrons décider. Quant aux cotisations non versées, il faut se rappeler que le parti ne fonctionnait pas précédemment. Dorénavant, le paiement des cotisations sera la règle. L'essentiel est que pour les sénateurs présents la situation est réglée.

M. Jung. — Vous êtes d'accord, Messieurs!

M. le général Hirschauer. — Il faut avoir de la charité. Rien que le fait d'avoir, dans la représentation de la Moselle au Sénat, un homme comme M. Bompard, qui est membre de la commission des affaires étrangères et y jouit d'une grande autorité, est d'une importance considérable. Les questions les plus intéressantes ont été posées par M. Bompard, qui se les a fait expliquer; les intérêts des chrétiens en Orient ont été examinés de très près par lui. M. Bompard est resté pendant dix ans au Bureau des affaires commerciales; il est extrêmement calé dans les questions douanières. Quand nous acceptons le programme de l'U. R. L., ce serait faire une mauvaise opération que d'y laisser une fissure.

M. Jung. — Je partage l'avis de M. le général Hirschauer. Ce programme n'est connu que par ceux qui sont ici. Il va être soumis à tous les électeurs; ceux qui voudront l'accepter seront les bienvenus.

M. Schuman. — Il faut demander aux parlementaires s'ils acceptent le programme. Laissons à l'administration du Bureau la voie de régler la question.

M. Nominé. — J'ai remarqué que MM. le général Hirschauer et de Marguerie ont accepté le programme. Puisque M. le général Hirschauer a procuration pour M. Bompard, on pourrait admettre ce dernier.

M. Schuman. — Non; on lui remettra le programme.

L'assemblée, à l'unanimité, décide l'admission de M. le général Hirschauer et de M. de Marguerie.

Le général Hirschauer remercie l'assemblée au nom de M. de Marguerie et en son nom. Il demande si M. Bompard ne pourrait pas être admis par une délégation cantonale.

M. Schumann. — Les parlementaires représentent et engagent la responsabilité du Parti tout autrement qu'un simple électeur. Ils sont les élus de tout le département et, pour entrer dans le Parti, ils ne doivent pas passer par la petite porte du comité cantonal.

M. de Marguerie remercie à son tour; mais je croyais, dit-il, que je faisais déjà partie de l'U. R. L.

M. Nominé. — Nous venons de vérifier les comptes. Pour toutes les dépenses, il y a les pièces justificatives. Le bilan est en ordre.

Décharge est donnée au trésorier.

M. Jung demande à l'assemblée de voter des remerciements à M. Losson, qui veille à ce que les finances soient en règle. (Bravos.)

La journée de huit heures.

M. Hackspill. — Avant de nous séparer, il ne faut pas oublier la question de la journée de huit heures. Nous sommes tous d'accord sur le principe. Mais dans l'agriculture, nous ne pouvons pas demander une application de la journée de huit heures. Pour couper court à tout malentendu, il faut prendre une résolution, sinon les ouvriers nous reprocheraient notre attitude. Nous sommes pour le maintien de la journée de huit heures dans les mines, les hauts-fourneaux, mais non dans l'agriculture. Dans le commerce, dans certaines fabriques, il y a des emplois où l'ouvrier peut effectuer un travail de plus de huit heures. Le desiderata principal des ouvriers est celui-ci : Qu'on tienne compte des dérogations à la loi telles qu'elles existent, mais qu'on ne rende pas plus flexibles les dérogations par une extension de la loi elle-même.

M. le général Hirschauer signale les anomalies qui peuvent se produire par une application trop rigide de la loi sur la journée de huit heures. Il cite le cas de la gare de Rehon (Ille-et-Vilaine), où, pour deux trains, il y a une double équipe d'employés. La loi de huit heures est une de ces lois intangibles sur lesquelles il est impossible de revenir. Mais il est nécessaire d'en suivre les modalités d'application. Les ouvriers eux-mêmes le demandent. Pour les industries saisonnières, les sucreries, les fabriques de conserves, des facilités sont prévues. Il faut donner à ces industries la possibilité de disposer d'un certain nombre d'heures de travail. C'est dans les modalités d'application qu'il faut toucher à la loi, mais non au principe.

M. Jung. — Quel est le libellé de la résolution ?

Sur la proposition de M. le général Hirschauer et de M. l'abbé Müller, « le Parti déclare qu'il veut le maintien du principe de la loi de huit heures ».

Le vote des parlementaires
dans
l'interpellation sur la politique générale.

M. l'abbé Müller demande que l'assemblée se rallie au vote des députés et sénateurs, à l'exception de M. Jean, dont l'attitude étonne partout.

M. Schuman. — Il n'y a pas de règlement engageant les députés à voter d'une certaine manière. Ce n'est pas manquer à la discipline que de se séparer des collègues dans un vote.

M. le général Hirschauer. — Nous serions très heureux d'avoir l'approbation de l'assemblée pour notre vote.

La résolution suivante est adoptée à l'unanimité :

« L'assemblée approuve l'attitude de la presque totalité des parlementaires de la Moselle à l'occasion du vote de l'ordre du jour de confiance à la suite du débat des interpellations sur la politique générale. »

Divers.

M. Schuman dit que les fonctionnaires ont demandé d'activer le vote du statut des fonctionnaires.

M. le général Hirschauer regrette que le contact avec les députés et les sénateurs ne soit pas établi. Nous arriverons à faire passer le statut des fonctionnaires tel qu'il a été réglé. L'affaire reviendra devant la Chambre.

L'assemblée prie les sénateurs de faire aboutir au plus vite la question du statut des fonctionnaires.

M. le colonel Stuhl. — J'ai reçu la visite de quatre délégués de Strasbourg, qui m'ont demandé de faire hâter le vote de la loi. Avec la meilleure volonté, nous ne pouvons pas nous engager pour une date déterminée.

* * *

M. Jung consulte l'assemblée sur la question de savoir si le Bureau a le droit de voter des jetons de présence pour les membres du Bureau venant du dehors et qui se réunissent une fois par mois. On ne peut pas, dit-il, leur laisser supporter les frais du voyage.

M. Schuman. — Il est tout à fait naturel qu'on rembourse les frais de déplacement aux délégués venant du dehors, surtout quand nous devons tenir, comme aujourd'hui, des séances supplémentaires. C'est une question d'ordre administratif.

* * *

On proclame les résultats du scrutin pour l'élection du Bureau.

Sur 72 votants ont obtenu et ont été élus:

Arrondissements	Titulaires		Suppléants	
Metz-Ville	Jung	58 voix	Winsback	53 voix
Metz-Campagne. .	Rollin	55 »	Pierson	53 »
Boulay	Weber	57 »	Kouno	60 »
Château-Salins . .	Bour	60 »	Michel	60 »
Forbach	Borsenberger	57 »	Muller	53 »
Sarrebourg . . .	Antoni	56 »	Velker	59 »
Sarreguemines . .	Hœn	54 »	Schatz	56 »
Thionville-Est . .	de Bertier	60 »	Vincent-Everlé	61 »
Thionville-Ouest .	François Lucien	57 »	Fick	52 »

Voix diverses: Gérardot, 12; Vautrin, 3; Nominé, 4; Kirch, 4; Moncelle, 3; Cabayot, 2; Schuman, 1; Guir, 1; Bompard, 1; Hirschauer, 1; Barthel, 1; Jeanty. 1; Paqué, 1; bulletins blancs, 4.

M. Antoni demande pour quelle durée les membres sont élus.

On lui répond que la durée du mandat est de deux ans.

M. Weber. — Le Président est élu. Il faut un vice-président, un trésorier et un secrétaire.

M. Jung. — Le Bureau fait la répartition de ces fonctions.

La séance est levée à 17 h. 15.

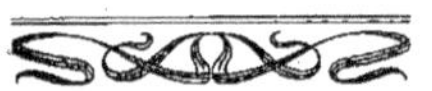

Imprimerie Lorraine, 14, Rue des Clercs, Metz.